DIE REIHE
Archivbilder

FREIBERG

Das Titelbild des „Freiberger Volkskalenders" zeigte im Jahre 1856 eine romantisch-heile Welt: Vor den Mauern der Stadt lebte eine Bergmannsfamilie, Erntearbeiter beenden ihren Arbeitstag, Spaziergänger flanieren vorüber. Der Maler dieses Bildes ist aus der Schule Ludwig Richters hervorgegangen. Aber war die Welt unserer Altvorderen im Alltagsgeschehen wirklich so heil?

Inhaltsverzeichnis

Bildnachweis

Die Verfasser danken folgenden Institutionen und Personen für die Bereitstellung von Fotos:
Archiv Munzinger (Ravensburg): S. 55 u., Geschwister-Scholl-Gymnasium, Bibliothek
„A. Möller" (V. Bannies): S. 124 u., 125 o., 125 u., 126 u., Jakobikirche, Archiv (F. Radke):
S. 28 u, 39 o., Stadt- und Bergbaumuseum Freiberg, Fotothek (U. Thiel): S. 13 o. links, 40 u.,
Technische Universität Bergakademie, Abt. Altbestand (A. Kießling): S. 111 u., 114 o., 114 u.,
115 o., 115 u., 118 o., 118 u., 119 o., 119 u., 121 o., Technische Universität Bergakademie, Medien-
zentrum (K. Irmer): S. 43 o., 98 o., 112 o. links, 112 o. rechts, 112 u., 120 o., 120 u., G. Aeckerlein
(München): S. 116 u. rechts, G. Assmann: S. 51 o., 51 u., Frau Beck: Titelbild, S. 54 o. rechts,
116 u. links, H. Bimberg: S. 105 o., W. Burkhardt: S. 57 o., W. Dallmann: S. 110 o., R. Dressler:
S. 58 o., W. Eger: S. 66 o. links, G. Galinsky: S. 62 u., 67 o., A. Gerlach: S. 57 u., W. Glöckner
(Eulendorf): S. 108 o., G. Hänig (Zug): S. 50 o., 50 u., 52 o., 52 u., Fam. Hartmann: S. 104 o., V.
Herre (Stralsund): S. 99 o., 99 u., Fam. Löhn: S. 127 u., G. Issel (Dresden): S. 102 o., 102 u., Fam.
Jurasky: S. 15 o., 68 u., 69 o., 17 o. rechts, J. Kohlschmidt: S. 122 u., D. Löwe: S. 46 o., 48 o., 47 o.,
58 u., 59 o., Fam. Lohse: S. 49 u., R. Mette: 69 u., 103 u., K. Miersch: S. 66 o. rechts, 96 o., K. Mül-
ler: 65 o., 65 u., 70 u., A. Paschke (Mühlheim) S. 106 u., Frau Paul: S. 105 u., O. Richter: S. 97 o.,
97 u., Fam. Rudolph: S. 104 u., W. Samtleben (Hildesheim): S. 66 u., 116 o., 121 u., 126 o., W.
Schleif: S. 62 o., 63 o., 63 u., E. Schneider: S. 41 u., 45 o., Frau Studer-Faber (Wessling): S. 117 o.
links, Fam. Täschner: S. 40 o., H. Ufer (+): S. 54 u., 55 o., S. Walther: S. 123 u., Fam. Weißgerber
(Augustusburg): S. 83 o., Frau Wittig: S. 54 o. links, 61 u., 75 o., 75 u., K. Zschoke: S. 19 o. links,
39 u., 44 u., 46 u., 47 o., 47 u., 72 o., 108 u.
Alle anderen Bilder entstammen den Archiven der Verfasser. Es war leider nicht in allen
Fällen möglich, die Autoren festzustellen. Wir bitten daher um Entschuldigung, falls einige
Namen nicht genannt werden.

Alt-Freiberger-Romantik zur Industrieausstellung im Albertpark. Blick aus der Petersstraße auf
das hergerichtete Stadttor und das Schwedendenkmal, im Hintergrund die Ausstellungsgebäude.

Einleitung

Glück auf, lieber Leser! Mit dieser Publikation liefert der Sutton Verlag Erfurt einen Beitrag zur Geschichte der 800-jährigen Berg- und Universitätsstadt Freiberg. Dies ist jedoch keine Chronik oder eine lückenlose Geschichte der letzten Jahrzehnte des 19. und der ersten Jahrzehnte des 20. Jahrhunderts, sondern nur eine strenge Auswahl von Bildmotiven bedeutender und interessanter politischer, kultureller und wirtschaftlicher Ereignisse jener Zeit.

Es waren bewegte Jahrzehnte. Der Auf- und Ausbau vieler Betriebe in den Vororten, die Eröffnung von Geschäften und Werkstätten und der Anschluss der Stadt an das Netz der Eisenbahn förderte die Industrialisierung. Neubauten entstanden im Zentrum, neue Häuserzüge an den Ausfallstraßen. Eine Straßenbahn modernisierte den Verkehr vom Bahnhof quer durch die Altstadt. Amtsgebäude und Schulen wurden gebaut.

Die Bevölkerungszahl stieg von 15.300 (1850) über 30.200 (1900), 34.100 (1914) auf 36.000 im Jahre 1933. Die Bewohner der Bergstadt erlebten Höhen und Tiefen.

Trotz des höchsten Silberausbringens im Jahre 1884 mit 34.586 Kilogramm drohte ein langfristig spürbarer Verfall der Silberwährung. Auch die Übernahme von 80 Prozent aller Gruben durch den Staat und eine weitere Modernisierung einiger Schächte durch Einbau moderner Dampfförderanlagen konnte den Bergbau nicht retten. So musste 1903 die Schließung der Gruben beschlossen und 1913 die letzte Schicht verfahren werden. Die beachtliche Fördermenge des Freiberger Reviers betrug seit 1168 immerhin 5.905 Tonnen Silber. Bisher für den Bergbau verwendetes Wasser wurden nun im ersten Kavernenkraftwerk der Welt, im Oberwerk des Konstantin-Schachtes und im Unterwerk des Dreibrüderschachtes, für Jahrzehnte zur Gewinnung von Elektrizität genutzt.

Mit dem Direktorat Gustav Zeuners an der Bergakademie und den erteilten Professuren für Clemens Winkler (Lehrstuhl für Chemie) und Adolf Ledebur (Lehrstuhl für Eisenhüttenkunde) erhielt die älteste montanwissenschaftliche Hochschule der Welt eine neue Belebung. 1916 wurde der Abraham-Gottlob-Werner Bau fertig gestellt. In ihm befindet sich die Mineralogische Sammlung der Bergakademie. Karl Kegel leitete das Institut für Braunkohlenforschung. 1923 weihte Dr. Hofmann, Direktor des 1904 gegründeten Porzellanwerkes, das erste 1-Million-Volt-Hochspannungs-Prüffeld der Welt ein, inmitten der Monate der Inflation! 1938 vereinigte Dr. Stather die 1889 gegründete Deutsche Gerberschule mit der seit 1897 bestehenden Deutschen Versuchsanstalt für Lederindustrie. Freiberger Wissenschaftler erarbeiteten neue Technologien in ihren Fachbereichen und arbeiteten aktiv in neuen Wissenschaftszweigen.

Von den im Ersten Weltkrieg ins Feld gezogenen Freiberger Soldaten kehrten 3.897 nicht zurück. 29 Zivilisten starben am 27. Oktober 1923, als Reichswehrsoldaten auf dem Postplatz in eine Ansammlung von Bürgern schossen. Im Rahmen der Vorbereitung des Zweiten Weltkrieges wurde der Bergbau im Freiberg-Halsbrücker Revier 1937 wieder aufgenommen. Die Stadtverwaltung gestaltete die 750-Jahr-Feier der Bergstadt zu einem nationalistischen Volksfest, während Antifaschisten in Schutzhaftlagern inhaftiert waren. Ein Jahr später begann der Zweite Weltkrieg und Freiberger Bataillone marschierten ins Feld.

Zwei Betriebe haben über Jahrhunderte ihre Konkurrenzfähigkeit bis ins 21. Jahrhundert bewahrt: der 1693 gegründete Betrieb Thiele & Steinert für leonische Waren und der 1791 gegründete Betrieb Präzisionsmechanik Freiberg für feinmechanische Messinstrumente. Eine Anzahl kleinerer Betriebe konnte ihren 100. oder 150. Gründungstag in den letzten Jahren feiern – ein Beweis für den traditionellen Freiberger Gewerbefleiß.

Der Bergmannsgruß „Glück auf!" beinhaltet den Wunsch, das Glück solle dem Bergmann neue Erzadern öffnen und ihn mit Silbererzen fündig werden lassen. Wir wünschen Ihnen, dass auch Sie beim Blättern fündig werden mit interessanten Erkenntnissen und Erinnerungen aus einem Abschnitt unserer Stadtgeschichte.

· Mein Freiberg ·

Kleiner Gassen krumme Zeilen,
  Stolzer Giebel Mauerblatt,
Türme, die gen Himmel steilen
  Und des Herzens Heimweh heilen –
Das ist meine Heimatstadt.

Torgewölbe hallen wider,
  Erker lächeln lichtbeschenkt,
Und am Stadtwall auf und nieder
  Fächert sich das Laubgefieder
Der Kastanien goldgetränkt.

Vor dem Rathaus steht wie immer
  Markgraf Otto silbersatt...
Längst verblichen ist dein Schimmer,
  Doch mein Herz verläßt dich nimmer,
Freiberg, meine Heimatstadt –!

                              W.K.

1

Spaziergang durch die Altstadt

Vom Türmerstübchen der Pfarrkirche St. Petri hat man einen herrlichen Blick über die Freiberger Altstadt. Im Vordergrund erhebt sich das Rathaus, dessen heutige Gestalt größtenteils aus den Siebzigerjahren des 15. Jahrhunderts stammt. In der Ferne sind einige der ehemals berühmten Silbergruben sichtbar.

Der zentrale Platz der Stadt ist der Obermarkt mit seinen prächtigen Bürgerhäusern, die vorwiegend aus der ersten Hälfte des 16. Jahrhunderts stammen und nicht selten ihre wertvolle Innenarchitektur bewahrt haben. Bis in die Gegenwart findet hier der Wochenmarkt statt.

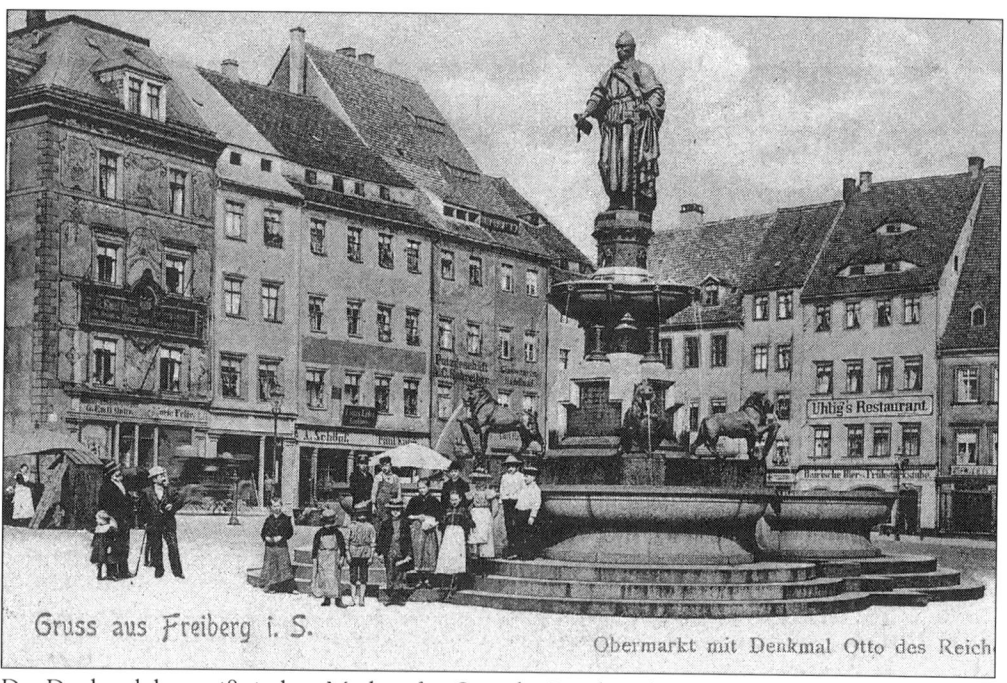

Das Denkmal des meißnischen Markgrafen Otto des Reichen (gest. 1190) wurde im Jahre 1897 errichtet. Es erinnert an die Herausbildung der Stadt unter seiner Regentschaft und der seines Sohnes Dietrich.

Am Lißkirchnerhaus (Obermarkt 17) befindet sich ein einzigartiges Renaissance-Portal mit Motiven aus dem Bergmannsleben aus der Zeit um 1530. Das Original wird seit einigen Jahren im Stadt- und Bergbaumuseum aufbewahrt.

Mit dem Bau der Pfarrkirche St. Petri begann man am höchsten Punkt der Stadt vermutlich Ende des 12. Jahrhunderts. Nach einem Brand 1728 wurde sie in ihrer heutigen Gestalt wieder aufgebaut. Zur Ausstattung gehört eine wertvolle Silbermannorgel.

Die Petersstraße wurde 1427 erstmals erwähnt. Durch sie verlief seit der Neuzeit der Fernverkehr zwischen Dresden und Chemnitz. In den Jahren 1949 bis 1991 trug sie den Namen August-Bebel-Straße.

Im Bereich des ehemaligen Peterstores errichtete man 1843 nach Entwürfen von Prof. Heuchler (1801-1879) das so genannte Schwedendenkmal. Es entstand zum Andenken an die erfolgreiche Verteidigung der Stadt durch Musketiere, Defensioner und Bürger gegen schwedische Truppen im Jahre 1643.

Entlang der Erbischen Straße verlief von 1902 bis 1919 die Trasse der Freiberger Straßenbahn. Wegen Unrentabilität musste ihr Betrieb kurz nach dem Ersten Weltkrieg eingestellt werden.

Am Haus Enge Gasse 1 befindet sich heute die Kopie der Anna Selbdritt. Das museal verwahrte Original entstand 1515. Mutter Anna (Namenspatronin von Annaberg) trägt in ihren Armen Tochter Maria (Namenspatronin von Marienberg) und ihren Enkel, das Jesuskind.

Im Jahre 1765 wurde in Freiberg die älteste montanwissenschaftliche Hochschule der Welt, die Bergakademie, gegründet. Bis heute hat sie wesentlichen Anteil am wirtschaftlichen Aufschwung Sachsens. Hier studierten u.a. Alexander v. Humboldt (1769-1859), Friedrich von Hardenberg (Novalis, 1772-1801) und Theodor Körner (1791-1813).

Die Weingasse verdankt ihren Namen dem einst hier befindlichen „burger winhus" (Weinhaus), das bereits 1381 urkundlich erwähnt wurde.

Die Burgstraße ist die Fortsetzung der Erbischen Straße und mündet auf dem Schlossplatz. Im Jahre 1389 wird sie erstmals erwähnt.

Auf dem Schlossplatz befand sich um 1900 die königliche Bezirkssteuereinnahme (Gebäude links). Gegenüber, im so genannten Silbermannhaus, schuf der berühmte Orgelbaumeister Gottfried Silbermann (1683-1753) in seiner Werkstatt 43 Orgeln, von denen Freiberg vier besitzt.

Für kurze Zeit diente die alte markgräfliche Burg aus dem 12. Jahrhundert als Residenz für Herzog Heinrich von Sachsen (1473-1541, genannt der Fromme). In den Jahren 1566 bis 1579 baute man das Schloss Freudenstein unter Leitung des Landbaumeisters Hans Irmisch (1526-1597) und der Oberaufsicht des florentinischen Architekten R. von Lynar (1525-1596) zu einem Renaissancebau um. Seit 2008 beherbergt das renovierte Schloss die berühmte „terra mineralia".

Wie in allen deutschen Universitätsstädten siedelten sich auch in Freiberg studentische Verbindungen an. Hier erkennt man das Haus der Burschenschaft „Corps Teutonia" an der Ecke Nonnengasse / Wallstraße.

Das Gymnasium Albertinum ging aus der ehemaligen städtischen Lateinschule, der ältesten protestantischen Schule Sachsens, hervor. Der heutige Schulbau wurde im Jahre 1875 eingeweiht. Berühmtester Schüler war der Nobelpreisträger für Medizin Günter Blobel (Abitur 1954).

Am Untermarkt befinden sich zwei bedeutende Sehenswürdigkeiten der Stadt. Die spätgotische Marienkirche erhielt 1480 durch Papst Sixtus IV. (1414-1484) den Rang eines Domes und zählt heute zu den bedeutendsten sächsischen Hallenkirchen. Seit 1903 beherbergt das benachbarte Museum die Sammlungen des 1860 gegründeten Freiberger Altertumsvereins. Bis zur Reformation war hier das Hauptgebäude des Kollegiatstiftes, bis 1875 nutze ihn das städtische Gymnasium.

Obwohl August der Starke (1670-1733), Kurfürst von Sachsen und König von Polen, nie im Freiberger Dom weilte, besaß er im Dom eine eigene Fürstenempore. Sie wurde durch Verglasung zu einer Fürstenloge umgebaut und durfte später während der Gottesdienste von Beamten benutzt werden.

Zur Ausstattung des weltweit bekannten Domes zählt neben der berühmten Goldenen Pforte (um 1230) auch die Fürstengruft der albertinischen Regenten, die hier von 1541 bis 1694 beigesetzt wurden. Bis heute erinnert die Rüstung des Kurfürsten Moritz von Sachsen (1521-1553) mit einem Einschussloch an die in der Schlacht von Sievershausen (1553) erlittene tödliche Verwundung.

Der Kreuzgang des Domes besitzt kurioserweise keinen rechteckigen Grundriss. Er folgt in abgewinkelter Form dem Verlauf der Straßen. Die Aufnahme zeigt die Moritzstraße.

In den Kreuzgängen befindet sich seit der zweiten Hälfte des 19. Jahrhunderts die Grabstein-sammlung der Familie von Schönberg. Vertreter dieses Geschlechtes stellten mit kurzen Unter-brechungen von 1558 bis 1761 die Berg- und Oberberghauptleute des in Freiberg ansässigen sächsischen Oberbergamtes.

Der Untermarkt ist der älteste Platz der Stadt, war im Mittelalter der Kreuzungspunkt wichtiger Handelsstraßen und wie der Obermarkt ein Handelsplatz. Im 19. Jahrhundert wurde hier der Topfmarkt (Aschmarkt) abgehalten.

Die Nikolaikirche zählt zu den ältesten Kirchen der Stadt (um 1175 begonnen) und besitzt noch romanische Türme. St. Nikolaus war der Schutzpatron der Kaufleute, Handwerker und Geschäftsleute, die sich in der Stadtentstehungszeit im Umkreis dieser Kirche ansiedelten.

Die Enge Gasse ist eine der schmalsten Straßen der Altstadt. Es hat sich bis heute wenig von der ursprünglichen Bebauung erhalten. Starke Schneefälle behinderten im Winter 1901 im Freiberger Raum besonders den Automobil- und Eisenbahnverkehr.

Im Stadttheater Freiberg, dem ältesten städtischen Theater der Welt, hob sich am 24. November 1800 der Vorhang für die Uraufführung von Carl Maria von Webers (1786-1826) erster Oper „Das stumme Waldmädchen". Das Bild zeigt das Theatergebäude noch vor seinem vorletzten Umbau 1951/52.

Die 1903 erbaute katholische Schule (Am Mühlgraben) besitzt sowohl historisierende als auch Jugendstilelemente.

Am Mühlgraben stehen noch heute typische Gerberhäuser. Die Gerbereiindustrie war eng mit dem Bergbau verknüpft. Der Dachstuhl des Hauses mit dem hohen Trockenboden fiel leider Mitte der Neunzigerjahre des 20. Jahrhunderts einem Brand zum Opfer.

20

Am so genannten Schüppchenberg soll 1168 das erste Silbererz gefunden worden sein. An dieser Stelle kreuzte einer der wichtigsten Freiberger Erzgänge, der Hauptstollengang, das Münzbachtal.

Der Donatsturm – einer der beeindruckendsten Reste der alten Stadtbefestigung (1233 erstmals urkundlich erwähnt). Er ist 35 Meter hoch und die fünf Meter dicken Mauern hielten Sprengungsversuchen im 19. Jahrhundert stand. In der Mitte der Donatsgasse sieht man die Gneisabdeckung des Abwassergerinnes, den so genannten Breiten Stein. Dieser Gehsteig war traditionell den Bergleuten vorbehalten.

Die Hornstraße (rechts) markiert den Verlauf der ehemaligen Stadtbefestigung; die Wasserturmstraße (links) erhielt ihren Namen nach dem gleichnamigen Stadtmauerturm, durch den der Münzbach in die Stadt floss.

Diese alte Aufnahme zeigt die Wassergasse, in der heute fast kein Gebäude mehr existiert.

2

Bilder aus den Vorstädten

Die Bebauung der Herzog-Heinrich-Straße (heute Heinrich-Heine-Straße) erfolgte zu Ende des 19. Jahrhunderts.

Die Schützenstraße (heute Dr.-Külz-Straße) führte als alter Verbindungsweg vom ehemaligen Kreuztor in Richtung Chemnitz. 1786 gibt es den ersten urkundlichen Nachweis, das auf dem Gelände des späteren Ballhauses „Tivoli" ein Freiberger Bürger das Recht zum Brauen und Ausschenken hatte. Das „Tivoli" steht in seiner heutigen Gestalt seit 1902 und wird derzeit umgebaut.

In den Gebäuden auf der Parkstraße (um 1900 erbaut) befand sich zu DDR-Zeiten die Kreispoliklinik.

24

Die Weisbachstraße erhielt ihren Namen nach Julius Weisbach (1806-1871), Professor für Angewandte Mathematik, Maschinenlehre und Allgemeine Markscheidekunde. Er war Mitbegründer der wissenschaftlichen Maschinenbaulehre und Schöpfer der „neuen Markscheidekunst", der Arbeit mit dem Theodoliten.

Freiberg i. Sa. Korpshaus der Saxo-Borussen an der Weisbachstrasse

Das Gebäude an der Ecke Weisbachstraße / Leipziger Straße erwarb die Burschenschaft „Saxo-Borussia" als Corpshaus.

Freiberg — Friedeburg. *[handwritten text]*

Im Jahr 1705 wurde durch eine kurfürstliche Verordnung der bisherige städtische Bereich um das Gut Friedeburg (ehemals Prager'sches Vorwerk) zu einer eigenen Gutsgemeinde erklärt. Erst 1908 kam Friedeburg wieder an die Stadt zurück.

Freiberg i. Sa.   Schwanschlösschen

Das 1897 erbaute Schwanenschlösschen war ein beliebter Treffpunkt der Freiberger Bewohner. Neben einer gutbürgerlichen Gastronomie stand die Nutzung des Kreuzteiches im öffentlichen Interesse. Im Sommer fanden Gondelfahrten statt, im Winter lief man Schlittschuh. In den Siebzigerjahren des 20. Jahrhunderts wurde das Gebäude abgerissen, im Jahre 2000 wieder errichtet.

Gruss aus Freiberg i. S.   Justizgebäude.

Das königliche Justizgebäude wurde von 1876 bis 1879 erbaut und erlebte einige spektakuläre Gerichtsprozesse. 1886 verhandelte man hier u.a. gegen den Sozialdemokraten August Bebel (1840-1913) wegen „Geheimbündelei". 1908 fand im Hinterhof die letzte öffentliche Hinrichtung in Freiberg statt. Die Brander Bürgermeisterstochter Grete Beier (geb. 1885) hatte ihren Verlobten ermordet.

FREIBERG i. Sa.   Partie aus dem König Albertpark

Die städtischen Grünanlagen wurden größtenteils entlang der ehemaligen Stadtmauer angelegt. Die ehemaligen mittelalterlichen Wehrteiche band man geschickt in den sehr gepflegten König-Albert-Park ein.

27

Die Straße Am Meißner Ring entstand nach dem Abriss der Stadtmauer zusammen mit den städtischen Grünanlagen. Mit dem Bau der Häuser wurde im späten 19. Jahrhundert begonnen.

Die neugotische Jakobikirche an der Dresdner Straße entstand 1890 als Ersatz für die abgetragene alte Kirche, die jedoch an anderer Stelle im ehemaligen Christiansdorf stand. Einige Ausstattungsstücke, so der Taufstein, die Silbermannorgel, der Schnitzaltar und das Altarkruzifix wurden in den neuen Bau überführt, einige Architekturteile gelangten in das Museum.

28

In den Gründerjahren entstanden die Häuser an der Silberhofstraße. Bis zum Jahre 1899 trug die Straße den Namen Alte Frauensteiner Straße.

Namenspatron der Schönlebestraße war der Freiberger Bürgermeister Jonas Schönlebe (1582-1658), der in den Jahren des Dreißigjährigen Krieges amtierte. Der hohe Schornstein gehörte zum städtischen Elektrizitätswerk, das u.a. den Strom für die Freiberger Straßenbahn lieferte.

Das kaiserliche Reichspostamt am Postplatz wurde im Jahre 1889 eröffnet.

Mit der Eröffnung des Reichspostamtes erhielt die Innere Bahnhofsstraße den Namen Poststraße. In der Folgezeit entstanden hier mehrstöckige Geschäftshäuser.

Die Buchstraße erhielt ihren Namen nach dem Geologen Christian Leopold Freiherr von Buch (1774-1853), der sich 1790 in die Matrikel der Bergakademie eintrug. Er vertrat die Theorie des Vulkanismus gegen seinen Lehrer Werner und prägte den Begriff „Leitfossil". In unmittelbarer Bahnhofsnähe befand sich das Hotel „Karsch".

Auf dem Bahnhofsvorplatz war eine der Endhaltestellen der Freiberger Straßenbahn. Das Bahnhofsgebäude wurde im Jahre 1862 erbaut, als die Eisenbahn von Dresden bis Freiberg fuhr.

1855 wurde das Treibehaus der Schachtanlage Rote Grube errichtet, zerstört am 7. Oktober 1944 beim Bombenabwurf auf das Bahnhofsviertel. In 80 Metern Tiefe existierte noch immer ein Kehrrad von 12 Metern Durchmesser. Der Rothschönberger Stolln, dessen fiskalischer Teil von Rothschönberg bei Meißen bis Halsbrücke reichte, führte weiter bis Brand-Erbisdorf.

Freiberg i. Sa.

Körnerstraße

Die Körnerstraße hieß in früheren Zeiten Sohrs Gässchen oder auch Schönescher Weg. Die Namensgebung erinnert an den populären Dichter der Freiheitskriege gegen Napoleon und Studenten der Bergakademie, Karl Theodor Körner (1791-1813).

32

Hospital St. Johannis

An der Chemnitzer Straße entstand von 1909 bis 1911 der Neubau des St.-Johannis-Hospitals. Urkundlich wird es schon 1224 erwähnt. Papst Honorius III. (gest. 1227) bestätigte in jenem Jahr das Hospital.

Unter dieser einst so prächtigen Linde, an der heute noch beachtliche Äste grünen und blühen, leitete der Überlieferung nach der schwedische General Freiherr Lennard v. Torstenson (1603-1651) die Belagerung der Stadt im Dreißigjährigen Krieg.

Das so genannte Rundhaus, ein markanter Ziegelbau, entstand Ende der Zwanzigerjahre an der Wegekreuzung der alten und neuen Chemnitzer Straße.

Der Ausbau des Johannisbades erfreute die Bevölkerung. Bei Wettkämpfen der Sparte „Vereine ohne Winterbad" wurden Freibergs Schwimmer mehrfach Deutsche Meister. Emil Schlegel hatte hier bereits 1840 eine erste private Schwimmanstalt gegründet.

In der alten Bergwerkshalde Heilige Drei Könige ließ sich der Oberberghauptmann Siegmund August Wolfgang von Herder (1776-1838), „der Knappen treuester Freund", begraben. Er war der Sohn des Dichters und Philosophen Johann Gottfried Herder (1744-1803).

34

3

Ereignisreiche Jahrzehnte

S. Maj. Kaiser Wilhelm II. verlässt das Automobil am Bahnhof Freiberg

Kaiser-Manöver am 20. u. 21. IX. 09.

Am 20. September 1909 traf Kaiser Wilhelm II., aus dem Manövergebiet kommend, mit dem Auto am Bahnhof Freiberg ein. Im „königlichen Hofzug" fuhr er über Nossen nach Meißen weiter, wo ihn König Friedrich August III. erwartete.

Die Huldigung auf dem Obermarkt
vor Sr. Majestät König Friedrich August
in Freiberg i. S.

Königshuldigung, 1905. Erstmals besuchte König Friedrich August III. am 6. April 1905 die Bergstadt. Mit großen Ehren wurde der leutselige Landesvater von Bürgermeister Blüher vor dem Rathaus empfangen. Er besuchte die Königliche Bergakademie, das Museum, den Dom, die Jägerkaserne, das Oberbergamt und verschiedene Gruben, Hütten und Betriebe.

Letzte große Königs-Bergparade am 6. April 1905.
Aufzug der Hüttenleute.

Wohlwollend grüßte König Friedrich August III. die am Obermarkt aufmarschierten Abteilungen der großen Bergparade. Hier der Vorbeimarsch der Hüttenleute.

Sr. Durchlaucht dem Fürsten Bismarck, dem hochverehrten
Ehrenbürger
unserer Stadt, sendet zum heutigen Jubeltage Alldeutsch-
lands – seinem 80. Geburtstage – ehrfurchtsvollen Gruss
und Glückwunsch

1870
1871

Freiberg i. S
am 1. April 1895.

Am 8. Mai 1895 nahm Fürst Otto von Bismarck die Ehrenbürgerwürde der Stadt Freiberg entgegen. Auf vorbereiteten Karten erhielt er Glückwünsche von Freiberger Bürgern.

BISMARCK-
SÄULE

Das einstige Bismarckdenkmal auf dem Post-platz. Es konnte sowohl 1919 durch Rückgabe von der Metallsammelstelle Leipzig als auch 1942 vor der Einschmelzung gerettet werden. Der weitere Verbleib nach 1946 ist allerdings ungewiss.

1902 feierte die Freiberger Studentenschaft die Errichtung der Bismarcksäule auf der Höhe des Forstweges. Jährlich brannten hier die Lagerfeuer zur Sonnwendfeier. 1950 wurde der Abbruch des Turmes vorgenommen.

Die Erzgebirgische Gewerbe- und Industrieausstellung 1894. Durch seine zentrale Lage im erzgebirgischen Raum und seine historische Bedeutung für den sächsischen Erzbergbau und das Hüttenwesen wurde Freiberg mehrfach Standort bedeutender Ausstellungen. König Albert von Sachsen wurde bei seinem Besuch von einer Abordnung von Berg- und Hüttenleuten begrüßt.

In drei Hallen mit 10.000 Quadratmetern Fläche zeigten 800 Aussteller ihre Exponate. Die Leistungsschau bot ein belehrendes Bild vom Industrieland Sachsen. In die Hallen der Montanindustrie, der Landwirtschaft, des Maschinenbaus und des Bauwesens strömten die meisten Besucher.

Ein Foto von der Errichtung des Dachstuhls der neuen Jakobikirche, die als jüngste Kirche Freibergs zur ältesten Kirchgemeinde der Stadt zählt. Die feierliche Einweihung fand am 12. Juni 1892 statt.

Ein 1902 gegründeter Dombauverein Freiberg wollte die benötigten Geldmittel für die Erneuerung des Domes St. Marien zusammentragen. Dazu wurde eine Festspielhalle auf dem Wernerplatz errichtet. 30 Theateraufführungen unter Leitung von Nikolaipfarrer Johannes Lehmann lockten auch viele Zuschauer von auswärts nach Freiberg.

Das Stadtverordnetenkollegium zu Freiberg um 1890 – ein Foto aus der Sammlung von Dr. Täschner. Bürgermeister der Jahre 1854 bis 1945 waren: August Friedrich Clauß, Gustav Otto Beutler, Dr. W.F. Böhme, Dr. H.G. Beck, Dr. M.O. Schroeder, Bernhard Blüher, Max Haupt, ab 1923 Dr. Werner Hartenstein.

Zur öffentlichen Ausschreibung der neu zu bauenden Westturmfassade des Freiberger Doms erhielt Architekt Bruno Schmitz (Erbauer des Völkerschlachtdenkmals zu Leipzig) den Vorzug. Die Königliche Kommission zur Erhaltung der Kunstdenkmäler Sachsens lehnte den Entwurf ab, es sollte am Dom nichts verändert werden. Der Erste Weltkrieg beendete die Auseinandersetzung.

Am 23. Juli 1908 erfolgte die Hinrichtung der 23-jährigen Grete Beier, Tochter des Brander Bürgermeisters, auf dem Hof des Freiberger Landgerichtes. Sie hatte ihren Bräutigam Pressler getötet. Der König lehnte ihr Gnadengesuch ab. Im Bild Grete Beier und Oberingenieur Pressler.

Das zur Hinrichtung vorbereitete Fallbeil im Hof des Landgerichtes. Als Scharfrichter amtierte Moritz Brand (1843-1927) aus Oederan.

Als „Heimatdichtung" erwies sich das Melodram „Der Bergmannsgruß"; Text Konrektor Döring, Komponist A.F. Anacker, Uraufführung 1831. Im Bild eine Aufführung im Festzelt. Textanfang: „Das Glöcklein klingt, der Morgen graut, da wird's im Bergmannsstübchen laut: denn ruft die Arbeit, ruft die Schicht, da säumt der brave Bergmann nicht ...".

Probe älterer Schüler für den Schulanfang der neuen ABC-Schützen zu Ostern. Die Zuckertüten „wuchsen" am Zuckertütenbaum und waren vom Osterhasen fleißig begossen worden.

In Freiberg fuhr von 1902 bis 1919 eine Straßenbahn. Streckenverlauf: Bahnhof–Poststraße–Erbische Straße–Burgstraße–Schlossplatz–Leipziger Straße bis Einmündung Hainichener Straße. Eine Abzweigung hinter dem Rathaus führte zum Untermarkt und zum Meißner Tor. Als begeisterter Straßenbahnfahrer nahm Prof. E. Papperitz immer im mittleren Wagen Platz. Studenten lästerten: „Vorne nix, hinten nix, in der Mitte Papperitz!"

Am 26. Juli 1913, dem 100. Todestag Theodor Körners, waren beide Häuser der Stadt, in denen er als Student wohnte, festlich geschmückt. Seine erste Wohnung, Leipziger Straße 9, erhielt über der Haustür eine Bronzebüste. Das Haus musste in den Fünfzigerjahren der Straßenverbreiterung weichen. Haus Untermarkt 2 ziert ein Bronzerelief mit Brustbild und knapper Inschrift.

Auch die Erzgebirgsausstellung vom 18.-21. Juli 1912 auf der Wiese unterhalb der Kreuzmühle erwies sich als Leistungsschau größerer und kleinerer Betriebe sächsischen Fleißes. Die vier Meter hohe Figur eines von seiner letzten Schicht heimkehrenden alten Bergmanns wurde später in die Pergola umgesetzt.

Eine abwechslungsreich gestaltete Ausstellungsfläche war das Ziel tausender Besucher, die trotz verregneter Besuchstage „erstaunt waren, über das, was ihnen geboten wurde". Über der Erzgebirgsausstellung schwebte ein Reklameballon des Gaswerkes.

Nach dem Besuch des Königs zählten weitere Herrschaften des Hauses Wettin zu den Gästen. Hier besuchte Kronprinz Johann Georg von Sachsen (1869-1938) den Pavillon der Firma Schneider & Berger, die seit 1897 die bekömmliche „Freiberger Magenwürze" produziert.

Die Honoratioren der Stadt begleiteten auch seine Gattin Maria Immaculata (1874-1947), Prinzessin von Bourbon-Sizilien, durch die Ausstellung.

Am 27. Juli 1913 feierte der Sächsische Militärverein „Berittene Truppen Freiberg und Umgebung" in alten Uniformen die Weihe ihrer Standarte. Unter großer Anteilnahme der Bevölkerung ritten die Mitglieder des Vereins durch die Straßen der Stadt.

Fachschullehrer Karl Lukas (Bahnhofstraße 50) mit Lehrlingen der Barbier-, Frisör- und Perückenmacher-Innung. Das Adressbuch von Freiberg aus dem Jahre 1913 verzeichnete 39 Vertreter dieses Gewerbes.

Am 15. Januar 1914 war für die Freiberger Anzünder der Gaslaternen der letzte Dienstgang: Von nun an erfolgte eine Fernzündung für 1.030 Gaslaternen. In Freiberg entzündete Professor W.A. Lampadius (1772-1842) im Jahre 1811 erstmals auf dem europäischen Kontinent eine Straßenlaterne, die er mittels eines Steinkohlen-Thermoofens mit Leuchtgas betrieb.

Der Direktor des Gaswerkes, Josef Tilch (1874-1951), vor seinem Dienstwagen. Seit 1903 im Freiberger Gas- und Wasserwerk tätig, wurde er 1916 zum Direktor ernannt. Ab 1930 bezog Freiberg Ferngas aus Heidenau. Die Gasometer dienten als Wasserkessel, mit Badeerlaubnis, im Volksmund „Wurstkessel", genannt.

16. ELBGAUSÄNGER=BUNDESFEST UND 50JÄHRIGE JUBELFEIER
18.–21. JULI 1914 IN FREIBERG I. SA. PROTEKTOR: SE. MAJESTÄT KÖNIG FRIEDRICH AUGUST

Vom 18. bis zum 21. Juli 1914 feierte der Sächsische Elbgau-Sängerbund sein 16. Bundesfest, verbunden mit einer 50-jährigen Jubelfeier.

Sängertreffen auf dem Obermarkt. Der von Freiberger Sängern gewidmete Festspruch der Feier lautete: „So lasst im Lied die Herzen schlagen! Glück auf, du alte Sängertreu!"

In den frühen Nachtstunden des 29. Mai 1920 wurde die städtische Festhalle unterhalb der Kreuz-mühle innerhalb von zwei Stunden ein Opfer der Flammen. Feuerwehren aus fünf Gemeinden konnten die aus Holz errichtete Halle nicht retten. Die Brandursache blieb unbekannt. Die Wiese wurde zum Sportplatz „Akademische Kampfbahn" umgestaltet.

Einweihung der Erinnerungstafel für Carl Maria von Weber am Gasthaus „Goldener Löwe". Mit seinem Vater war Carl Maria von Weber (1776-1826) von November 1800 bis März 1801 hier einquartiert. Seine Oper „Das stumme Waldmädchen" wurde am 24. November 1800 am hiesigen Theater uraufgeführt.

Auf dem Privatflugplatz am Gasthaus „Stollnhaus" zu Zug, einem der ersten in Sachsen, fanden an den Wochenenden Schauflüge bekannter Piloten aus Dresden und Speyer statt (3. Pers. v.l.: Pilot, 2. Pers. v.l.: Max Hänig jun., 2. Pers. v.r.: der Wirt Max Hänig sen.).

Pilot Richard Hofmann, Flugschüler der Aero-Fliegerschule Dresden-Kaditz in seinem Flieger. Häufig war auch Max Rast, Chef-Pilot der Flugzeugwerke Speyer, in Zug zu Gast.

Absturz eine Flugzeuges vom Typ Albatros F1 während des Kaisermanövers im September 1912 auf der Flur von Niederschöna. Die Insassen, Pilot Oblt. Berger und Beobachter Oblt. Junghanns, kamen beim Absturz ums Leben. Die Überführung in die Heimatorte geschah mit militärischen Ehren.

In Niederschöna wurde am 1. Juni 1913 unter Anwesenheit von Kronprinz Georg ein Denkmal errichtet. Es erinnert noch heute an die ersten Opfer der frühen Militärfliegerei.

Am 29. März und am 17. Mai 1914 landete das Parseval-Luftschiff P.L.6 auf dem Flugplatz Stollnhaus Zug. Bei diesem Luftschiff, konstruiert von Major August von Parseval, handelte es sich um einen Lenkballon, gefüllt mit 6.800 Kubikmeter Gas. Zwei Daimlermotoren mit je 150 PS ermöglichten eine Reisegeschwindigkeit von 54 km/h.

Die 14 aussteigenden Passagiere von P.L.6 wurden gebührend gefeiert, unter ihnen Familie Lösch (Besitzer des Roten Vorwerks) auf Hochzeitsreise. Ein Flug kostete 55 Mark. Nach kurzem Aufenthalt gab die Haltemannschaft der Freiwilligen Feuerwehr Zug den Start zum Rückflug nach Dresden frei.

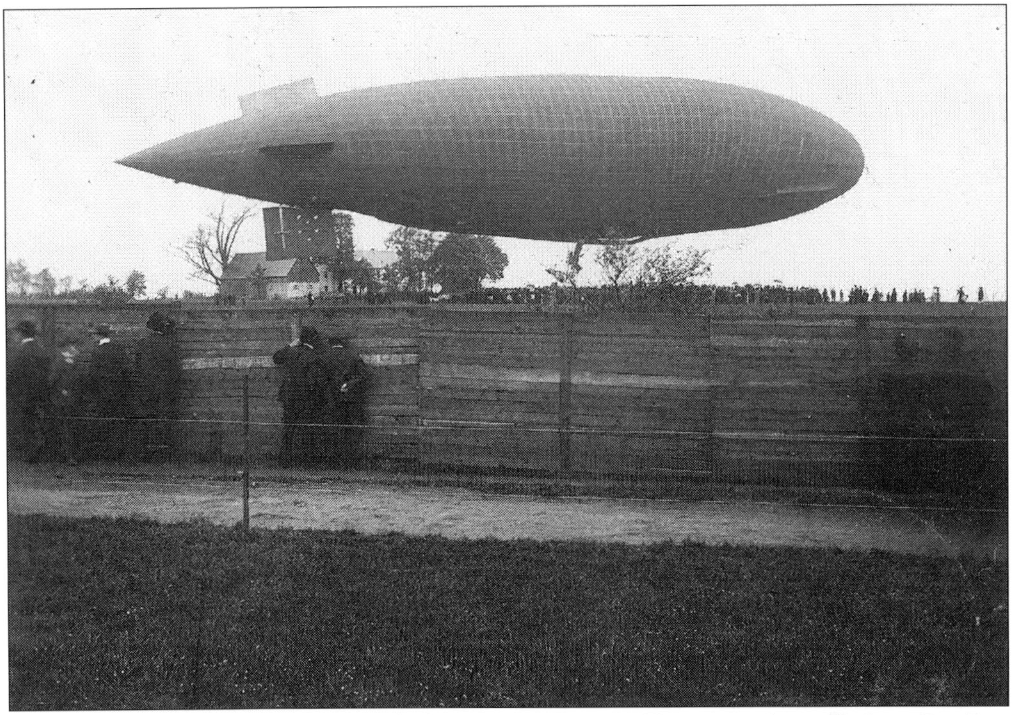

Den Flugplatz umgab ein zwei Meter hoher Bretterzaun, um Neugierige fern zu halten. Der Eintritt kostete zehn Pfennige.

P.L.6 nach dem Start in Zug über der Friedrich-August-Kaserne im Abflug nach Dresden.

Am 1. August 1914 begann der Erste Weltkrieg. Jäger Johannes Kamprath und …

... Richard Beck vor dem Ausmarsch ins Feld.

Demonstration des im November 1918 gegründeten Arbeiter-und Soldatenrates auf dem Obermarkt.

Reichswehr patrouillierte in den Straßen Freibergs. Am 23. Oktober 1923 ereignete sich auf dem Postplatz ein schrecklicher Vorfall: Die Reichswehr schoss in eine demonstrierende Menge und tötete 29 Bürger.

Im Oktober 1923 wurde Dr. Werner Hartenstein (1879-1947) zum neuen OB gewählt. Er versprach mit Handschlag: „Von heute an Gerechtigkeit gegenüber jedermann zu üben ohne Ansehen der Partei und Person". Auch über schwierige Jahre hinweg hat er sich für Freiberg eingesetzt, besonders, als er am 7. Mai 1945 Freiberg kampflos der Roten Armee übergab.

Mitglieder der Freiberger Knappschaft gratulierten in Paradeuniform Reichspräsident Paul von Hindenburg am 2. Oktober 1927 zum 80. Geburtstag. 1933 erhielt er die Ehrenbürgerwürde unserer Bergstadt.

Ununterbrochene Vorstellung
Sonntag von 1 - 11,
wochentags von 4 - 11 Uhr.

Gruß aus dem Welttheater
Freiberg i. Sa. Beliebteste
Unterhaltungsstätte.

1907 wurde im Hotel „Schwarzes Roß" das erste stationäre Lichtspielhaus Freibergs eröffnet. In der Kesselgasse 14 entstand das „Welttheater" und Paul Scheibe eröffnete am 2. September 1911 das „Hirschkino" im Hotel „Roter Hirsch", immerhin mit bereits 240 Sitzplätzen. Bald existierten u.a. der „Biograf" in der Erbischen Straße und das „Metropol" in der Reitbahngasse.

1920 lief in den Turmhof-Lichtspielen (Chemnitzer Straße 17) der erste Film. Paul Scheibe baute nach dem „Hirschkino" das „Neue Lichtspielhaus Stadtpark" auf, das – 1925 modernisiert – bereits mit Ufa-Wochenschau die Besucher erfreute. Im März 1930 lief in Freiberg der erste Tonfilm.

Am 14. Februar 1924 wurde der erste Rundfunk-Empfänger im Büro der Autozentrale Gündel (Olbernhauer Straße 31) eingeschaltet. Die Qualität des von der Station Königswusterhausen gesendeten Konzertes war gut. Funkamateure trafen sich regelmäßig im „Oberhof" und „bastelten an Detektor-Apparaten mit Bleikristall".

Das Stadttheater Freiberg eröffnete am 24. September 1927 seine 138. Spielzeit mit der Oper „Peer Gynt", Musik von Edward Grieg. Die Spielleitung hatte Otto Ulrich, das Orchester stand unter Leitung von Kapellmeister Paul Voigt. Die Rolle der Solveig sang Marianne Schwarz. Als neue Sängerin gab Herta Kaiser ihr Debüt.

Das „Dreibäckereck", Kreuzung Bahnhofstraße / Lange Straße. Das Foto zeigt Bahnhofstraße 26, Konditormeister Meusel, heute Standort des „Hochhauses"; Obere Langegasse 2 (1903) Fritzsche, Bäckermeister; Untere Langegasse 1 (1903) Walther, Bäckermeister.

Die Bahnhofstraße mit dem 1928 erbauten ersten Hochhaus Freibergs. Erdgeschoss, 1932: Lederwarengeschäft R. Naumann und die Molkereiverkaufsstelle H.Weinhold, 1. Stock: Kaufmann W. Schäfer und Rechtsanwalt O. Täschner. 2. Stock: Dr. med. Raedisch, 3. Stock: Buchbindermeister F. Oschatz, 4. Stock: Handelsvertreter F. Krauße, 5. Stock: Musiklehrer J. Blum und Frau Lasius.

Leider begann in der schmalen Gerbergasse das Haus eines Kuttelhofes, das als Schlachthaus der Stadt bis 1894 – bis zum Bau des neuen Schlachthofes – in Betrieb war, mehr und mehr zu zerfallen und musste schließlich abgerissen werden. Der Rinderkopf, das uralte Fleischerzeichen, stammte aus dem Jahre 1564.

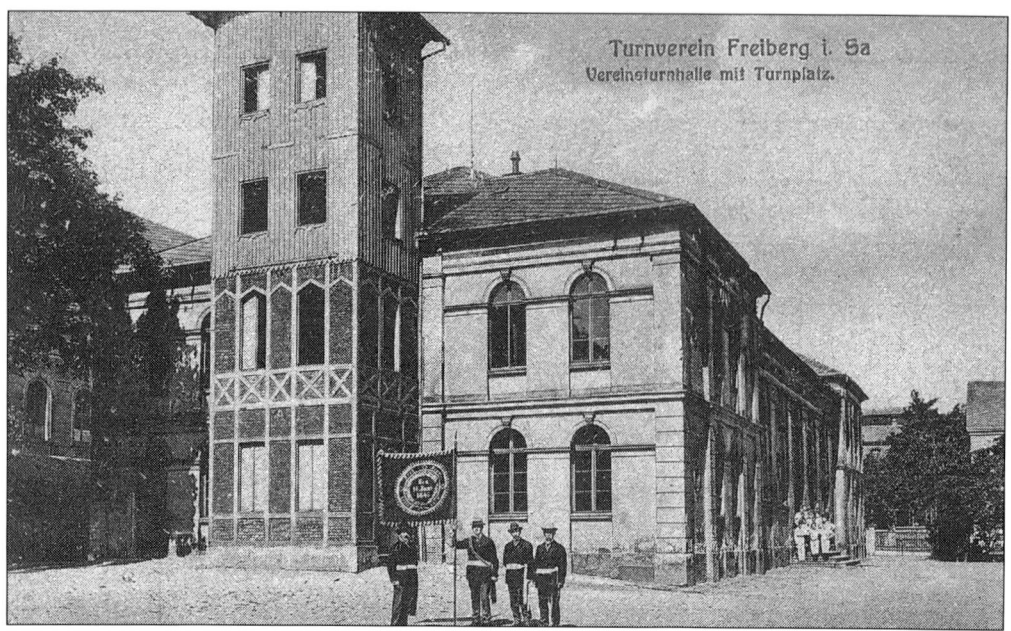

Turner auf zum Streite! Die Gründung des Männerturnvereins Freiberg erfolgte bereits 1844 durch Kreisamtmann Leonhard Heubner. Er führte seine Turner mit Studenten und Bergleuten im Mai 1849 auf die Barrikaden Dresdens. Nach dem Vereinsverbot kam es 1856 zur Neugründung und zur Errichtung der Vereinsturnhalle mit großem Turnplatz. Postkarte zu den Sachsenkämpfen in Freiberg, 5. September 1920.

In Freiberg entfaltete sich nach dem Ersten Weltkrieg ein vielfältiges sportliches Vereinsleben mit etwa 1.100 Mitgliedern. Sportarten wie Ballspiele, Fechten, Schwimmen, Tennis blühten auf. Die Mitglieder des Schwimm- und Ski-Klubs e.V. Freiberg bauten ein altes, mit Schindeln beschlagenes Torfhaus in Oberholzhau zur Übernachtungsstätte aus.

Vereinstreffen des Sächsischen-Radfahrer-Verbandes in Freiberg.

Die Mitglieder der Rollschuh-Schule Stadtpark. Auf dem Rollschuhplatz entstand später das Stadtpark-Kino.

Etwa zeitgleich mit den ersten Motorradrennen am Badberg-Viereck in Hohenstein-Ernstthal lockten von 1926 bis 1933 auch Sachsenring-Rennen um den Grillenburger Wald Rennfahrer und Zuschauer an die Strecke. Auf etwa zehn Dreieckrennen testeten die Motorrad-Asse jener Zeit Schnelligkeit und Geschicklichkeit, hier am 9. Mai 1929.

Große Zuverlässigkeitsfahrt, veranstaltet vom Freiberger Motorradklub am 15. April 1928. 129 Fahrer gingen auf die Strecke Freiberg–Frauenstein–Oederan–Augustusburg–Freiberg–Meißen–Freiberg. Strafpunktfrei fuhren die Freiberger H. Böttcher, H. Galinski und F. Schleif die Strecke. Erich Schleif als Starter. Pressefoto vom Obermarkt.

Rennen in Grillenburg, ebenfalls 1929. Streckenverlauf: Grillenburg–Naundorf–Klingenberg–Grillenburg. Mit Nr. 58 ging Erich Schleif an den Start und wurde Zweiter.

Nach harten und interessanten Wettkämpfen trafen sich die Mitglieder des Freiberger Motorradklubs (DMV) zu fröhlichen Feiern. 1928 zählte der Klub 75 Mitglieder.

Unter dem Motto „Das Wohl der Kranken ist allein für unser Handeln bestimmend" entstand nach dem ersten Spatenstich im Mai 1927 in nur zwölf Monaten (Inbetriebnahme Mai 1928) die Bade- und Lichtheilanstalt an der Ecke Dörnerzaunweg / Roter Weg. Den Badebetrieb nutzten im ersten Jahr 220.000 Gäste.

Das am 8. November 1861 eröffnete Freiberger Krankenhaus genügte im 20. Jahrhundert nicht mehr den Ansprüchen der Krankenversorgung.

1928 / 1929 entstanden im Gelände des Krankenhauses Erweiterungsbauten. In den neuen Gebäuden erfüllten „die Zimmer den Anspruch einer möglichst günstigen Besonnung, Durchlüftung und einer betriebstechnisch richtigen Aneinanderreihung der Räume".

Im Januar 1930 wurde der Neubau des Freiberger Stadt- und Bezirkskrankenhauses eingeweiht. Der Entwurf stammte vom Stadtarchitekten Salzmann, die Leitung hatte Chefarzt Dr. habil. Ladwig. Das Krankenhaus gehörte zu einem der modernsten der Region. Es hieß landesweit „das Freiberger Modell".

Arthur Eger (1900-1967) wurde 1926 zum Kantor an St. Marien berufen. Mit seiner virtousen Spielweise auf der berühmten Orgel Gottfried Silbermanns, nach Albert Schweitzer „der klangschönsten Orgel der Welt", erhielt er internationale Anerkennung. Der Mitteldeutsche Rundfunksender Leipzig übertrug am 24. September 1930 ab 20.00 Uhr das erste Orgelkonzert aus dem Freiberger Dom, gespielt von A. Eger.

Walter Schellhas (1897-1988), Leiter des Städtischen Kulturamtes, des Stadt- und Bergbaumuseums, des Stadtarchivs und der Städtischen Bücherei. Er war maßgebend an der Gestaltung der 750-Jahr-Feier beteiligt. 1987 wurde er Ehrenbürger Freibergs.

Treff der Familien Prof. Schaller, SR Löhner und Prof. Liebe mit den Damen zum Kränzchen.

Am 4. Oktober 1928, 1. Oktober 1930 und am 1. Mai 1936 überflog das Luftschiff LZ 127 „Graf Zeppelin" unsere Bergstadt. Bei jedem Überflug jubelten die Freiberger der „Riesenzigarre" zu, besonders die Schüler, denn sie hatten jeweils schulfrei. Aufnahmestandort Roter Weg mit Reklame für das Albertbad.

Der Schausteller Martin Kühne erinnerte mit seiner Reitschule „Parseval" an die einstige Landung des Luftschiffes in Zug.

Der Festsonntag, 19. Juni 1938, wird vor-
aussichtlich folgenden Verlauf nehmen:

Bergmännischer Weckruf

9.00 Uhr Feierstunde auf dem Obermarkt

10.00 Uhr Eröffnung der Jubiläumsschau
„750 Jahre Deutscher Erzberg-
bau" durch ihren Schirmherrn,
Reichsstatthalter Mutschmann,
im König-Albert-Museum,
Untermarkt

11.30 Uhr Weihe der Martin-Mutschmann-
Siedlung in der Südvorstadt
beim Sonnenrad

12.15 Uhr Erster Spatenstich zu dem HJ-
Heim, Südvorstadt

14.00 Uhr Große Bergparade

16.00 Uhr „Bergmannsgruß" im Schloß
Freudenstein

Abends Festspiel „Das Spiel vom
Prinzenraub" von Kurt Arnold
Findeisen

Außerdem:

Orgelkonzert im Dom

Schwedenlager / Schwedenturm

Bengalische Beleuchtung der
Kreuzteiche

Illumination der Stadt

In den Anlagen der Stadt vom
18.–20. Juni
Anlagenfest
mit Schankzelten, Tanzdielen, Ver-
kaufsständen, Belustigungen und
Darbietungen aller Art

Am 20. Juni, 16 Uhr, großes Kinder-Festspiel auf der Jahnkampfbahn. Anschl. Festzug der 3000 Kinder in die Anlag

Programm zum Festsonntag anlässlich der 750-Jahr-Feier Freibergs.

Das Fest dauerte vom 18. bis zum 20. Juni 1938. Ein Höhepunkt des Festes war – vor der Aufführung des Singspiels „Der Bergmannsgruß" – der Umzug der Berg- und Hüttenparade am Nach-
mittag des 19. Juni. Stellen zur Parade.

Die Ausmarsch der Musikkapelle zum Stellplatz.

Die Häuser des Obermarktes im Festschmuck bei Nacht.

Werbung zur Ausstellung „750 Jahre deutscher Erzbergbau".

OB Dr. Hartenstein mauerte in das Fundament eines neuen Hauses der Siedlung „Am Sonnen-rad" eine Kassette mit Dokumenten ein.

Entwurfsskizze für den Bau eines Versammlungs-Thingplatzes am Sonnenrad. Die vier Säulen sollten „die ersten vier Jahre des Aufbaus und die Eckpfeiler der Nation verkörpern: SA, Arbeitsdienst, Wehrmacht und Familie".

Die Brücke gehörte zur Strecke Dresden–Siebenlehn–Chemnitz–Meerane. Reinhold Ehrlich, Wirt des Huthauses, rettete am Abend des 6. Mai 1945 die Brücke vor der Sprengung durch Pioniere der Wehrmacht.

Glockenweihe der Kirche St. Nikolai im September 1937. Inschrift: „Himmel und Erde werden vergehen, aber meine Worte werden nicht vergehn. Mich schuf 1937 die Glockengießerei Franz Schilling Söhne, Apolda, für eine zersprungene Hilliger'sche Glocke 1498-1936". Aufzug der Glocke am linken Turm der Nikolaikirche.

Fliegeraufnahme vom Freiberger Stadtzentrum, Aero-Bild-Verlag Leipzig.

4

Zur Geschichte der Freiberger Garnison

Für das seit dem 1. April 1867 in Freiberg stationierte Königlich-Sächsische 1. Jäger-Bataillon Nr. 12 wurde in den Jahren 1872 bis 1874 die so genannte „Jägerkaserne" erbaut.

Die Angehörigen der Freiberger Jäger waren an der dunkelgrünen Uniform und der typischen Kopfbedeckung, dem Tschako mit echtem Rosshaarbusch, zu erkennen. Auf ihren Schulterklappen befand sich ein rotes Posthorn und die Nummer 12.

Besuch Sr. Maj. König Friedrich August von Sachsen am 14. Juli 1908 in Freiberg i. Sa. b. I. Jäger-Bataillon No. 12.

Am 14. Juli 1908 besuchte der sächsische König Friedrich August III. Freiberg und das Jäger-Bataillon. Zu seinen Ehren wurde im Hof der Kaserne eine Parade abgehalten.

Die Skistaffel des Jäger-Bataillons siegte im sächsischen Militärpatrouillenlauf unter 30 Mannschaften. Teilnehmer waren Gefreiter Kamprath, Oberjäger Schellhorn und Gefreiter Hunger.

Das Bild zeigt Mitglieder des Jäger-Bataillons beim Orientierungslauf im Erzgebirge. Sie wurden Sieger der Sachsen-Meisterschaft.

In den Jahren 1906 bis 1908 wurde die König-Friedrich-August-Kaserne an der Chemnitzer Straße erbaut und vom III. Bataillon des Königlich Sächsischen 12. Infanterie-Regiments Nr. 177 bezogen.

Hinter dem Kasernenhauptgebäude erstreckte sich ein großer Exerzierplatz, um den in der Folgezeit weitere Gebäude entstanden. Im angrenzenden Hospitalwald befand sich einer der Schießplätze.

Kurz vor der Entlassung der Rekruten fertigten Freiberger Fotografen von jedem Jahrgang ein Erinnerungsfoto an. Sie hatten entweder Postkartenformat oder als so genannte Reservisten-bilder eine Größe von zirka 60 cm x 45 cm.

Das III. Bataillon des Königlich-Sächsischen 12. Infanterie Regiments Nr. 177 wurde am 1. Oktober 1912 Bestandteil des Königlich-Sächsischen 16. Infanterie-Regiments Nr. 182. Es wurde als letztes Regiment vor dem Ausbruch des Ersten Weltkrieges gegründet.

Wie alle deutschen Infanterieregimenter trug auch das Freiberger eine Pickelhaube. Darauf befand sich ein goldener Stern mit aufgelegtem silbernen, sächsischen Wappen. Auf den Schulterstücken befand sich die Nummer 182.

„Königs Geburtstag" wurde mit einer Truppenparade der Freiberger Garnison gefeiert (25. Mai 1913).

Das Königlich-Sächsische 16. Infanterie-Regiment Nr. 182 kämpfte im Ersten Weltkrieg auf folgenden Schauplätzen: Belgien, Frankreich, Russland, Galizien, Rumänien.

Inmitten der Inflation wurde am 30. September 1923 das aus Spendenmitteln für die Gefallenen des Kgl. Sächs. 16. Infanterie-Regiments Nr. 182 und des Kgl. Sächs. 1. Jäger-Bataillons Nr. 12 errichtete Ehrenmal eingeweiht. Es wurde nach dem Zweiten Weltkrieg abgerissen.

In Freiberg wurden im Ersten Weltkrieg noch folgende militärische Einheiten aufgestellt bzw. stationiert: das 2. Ersatz-Bataillon des Reserve-Infanterie-Regiments Nr. 102, ...

...das Landsturm-Infanterie-Bataillon XII und ...

…das Reserve-Jäger-Bataillon Nr. 26.

Zum Andenken an die Gefallenen des Reserve-Jäger-Bataillons Nr. 26, das hauptsächlich in Flandern, Galizien und Frankreich kämpfte, weihte man am 28. August 1921 dieses Denkmal ein. Es hat bis heute die Zeiten überdauert.

Als Garnisonsstadt hatte Freiberg auch ein Lazarett. Es befand sich in den Gebäuden der heutigen Frauenklinik auf der Claußallee.

Um die große Anzahl an verwundeten Soldaten behandeln zu können, wurden hölzerne Baracken als Reservelazarett errichtet. Sie befanden sich auf dem Gelände oberhalb des regulären Lazaretts.

Am 14. Juni 1922 wurde ein Bataillon des Reichswehr-Infanterie-Regiments Nr. 11 nach Freiberg verlegt. Bataillonskommandeur war Oberstleutnant Cummerow.

Im Dritten Reich wurde das ehemalige Verwaltungsgebäude der Porzellanfabrik Kahla / Zweigniederlassung Freiberg als Kaserne des Ausbildungs-Bataillons Infanterie-Regiment „Plauen" genutzt. Diese Einheit war am 1. Oktober 1934 aus dem Bataillon des Reichswehr-Infanterie-Regiments Nr. 11 hervorgegangen. Heute befindet sich in dem Gebäude das Landratsamt.

Vereidigung der Rekruten des Ergänzungsbataillons Nr. 22 am 12. Oktober 1935. Die militärische Aufrüstung läuft im NS-Staat auf Hochtouren.

Vor dem Kasernengebäude, auf der Frauensteiner Straße, wurde an diesem Tag ein großer Appell abgehalten.

5

Bergbau und Industrie

Die „Alte Elisabeth" ist die schönste noch erhaltene Schachtanlage im Freiberger Revier. Sie entstand in den Jahren 1848 bis 1849 in Fachwerkbauweise und gehört heute zum Lehr- und Besucherbergwerk der Bergakademie. Es ist ein besuchenswerter Touristenmagnet.

Typisch für die Schachteingänge kleinerer Erzgruben war die Kaue. Sie schützte notdürftig vor Witterungseinflüssen und ist heute nur vereinzelt als Nachbau erhalten.

In den Huthäusern der Silbergruben bereiteten sich die Bergleute auf die schwere Arbeit Untertage vor und deponierten hier nach der Schicht ihre Werkzeuge. Die eingebauten Betstuben dienten vor und nach der Arbeit der Andacht. Nicht selten beherbergten sie eine eigene Orgel.

Aus den Erzgruben.   H. Börner. 1907.

Die meist dampfgetriebene Mannschaftsförderung ersparte den Bergleuten seit 1844 das gefähr-
liche Steigen auf „Fahrten" (Leitern) im Hauptschacht und beschleunigte das Ein- und Ausfah-
ren enorm. Auf diesem Bild sind neben dem Fördergestell die hölzernen „Fahrten" (Leitern) gut
zu sehen. Sie verursachten im nassen Zustand oder bei Überlastung so manch schweren Unfall.

Serie Bergbau:
Häuer am Streckenstoss.

Die Arbeit der Bergleute blieb noch bis in das 20. Jahrhundert hinein vorrangig Handarbeit.
Seine Hauptarbeitsmittel, Schlägel und Eisen, wurden zum Symbol des Bergbaus schlechthin.
Insgesamt wird das Freiberger Silberausbringen von 1168 bis 1969 auf etwa 5.905 Tonnen
geschätzt.

Das Untertage aussortierte taube Gestein wurde von den „Huntestößern" auf der Halde ver-
kippt. Die Auslese verbliebener erzhaltiger Brocken erfolgte auf der „Klaubebühne".

Das Arbeitsleben vieler Bergleute begann fast immer als „Scheidejunge" auf der Scheidebank.
Hier vollzog sich in schwerer Pocharbeit die grobe Zerkleinerung und Trennung des silberhalti-
gen Erzes vom tauben Gestein.

Die 1842 eingerichtete Erzbahn (hier am Abrahamschacht) diente zum Erztransport von den benachbarten Schächten zu den Aufbereitungsanlagen der Himmelfahrter Zentralwäsche.

Freiberg i. Sa.
Hunte (Erzwagen) an der Central-Wäsche.

Zur Vorbereitung der Erze für den Hüttenprozess dienten spezielle Aufbereitungsmaßnahmen. In der Zentralwäsche erfolgte eine weitgehende Zerkleinerung sowie Feinauslese der Erze.

Die Aufbereitungsanlagen arbeiteten nach dem Prinzip der Dichtesortierung. Grobe Körnungen des Gesteins wurden in Setzmaschinen unter fließendem Wasser ausgespült, die feinkörnigen Anteile auf Planherden (Stoß- oder Schüttelherde) verarbeitet. Unter schwachem Wasserstrom brachte man das sandige Gut auf den leicht geneigten Herd auf. Durch die Schüttelbewegung des Herdes legten die schwereren Erzteilchen den größeren Weg zurück und wurden von den leichteren Gangartteilchen getrennt.

Seit Jahrhunderten wurden in den Muldener Hüttenwerken Erze geschmolzen und Metalle gewonnen. Im Vordergrund rechts erkennt man das Gebäude der Münzstätte (mit dem Holzgerüst). Ihre Gepräge trugen von 1887 bis 1953 den Buchstaben E.

Blick auf den Haupteingang der Hütte Muldenhütten, um 1910. Sie befindet sich in einer weiten Schleife des Muldeflusses. An der Freiberger Mulde wurde schon 1368 erstmalig eine Schmelzhütte urkundlich erwähnt.

Im Treibeherd fand eine Trennung von Silber und Blei statt. Dabei wurde über die geschmolzene Silber-Bleilegierung Gebläseluft geleitet, die eine Oxidation des Bleis bewirkte. Dieses ließ man über die Arbeitsöffnung ständig ablaufen. Im Treibeherd konzentrierte sich nach und nach das Silber (Anreicherung bis zirka 80 Prozent).

91

Muldenhütten bei FREIBERG i. Sa. Saigeröfen.

Saigeröfen verarbeiteten silberhaltige Kupfererze. Dabei sinterte man unter Ausnutzung der unterschiedlichen Schmelzpunkte das mit dem Blei verbundene Silber aus dem Kupfer.

Halsbrücke.

Halsbrücke war wie Muldenhütten ein bedeutender Hüttenstandort. Hier befand sich seit dem Ende des 18. Jahrhunderts das berühmte Amalgamierwerk, das u.a. Johann Wolfgang v. Goethe (1749-1832) am 23. September 1810 besuchte.

Beim Amalgamieren wurde auf nichtthermischem Wege sulfidischen Silbererzen mit geringem Blei- und Kupfergehalt (Dürrerze) durch die Bindungskraft des Quecksilbers Silber entzogen. Die Vorteile diese Prozesses gegenüber der schmelztechnischen Verarbeitung bestanden in der Brennmaterialersparnis und der relativen Schnelligkeit der Silbergewinnung.

Der ständige Verschleiß von Werkzeugen, sowohl im Bergbau als auch im Hüttenwesen, machte eigene Schmiedewerkstätten sinnvoll.

93

Serie Hüttenwesen:
Beim Dampfhammer.

Mit dem Dampfhammer konnte eine wirkliche Arbeitserleichterung bei der Bearbeitung größerer Metallstücke erreicht werden.

FREIBERG i. Sa.
Streittagparade der Bergleute

Besonders am so genannten „Streittag" (22. Juli), einem bergmännischen Feiertag, oder zu Besuchen des sächsischen Königs zogen in Freiberg große Bergparaden auf.

Bis heute werden in Freiberg alte bergmännische Traditionen u.a. in Form von Berggottesdiensten und Paraden der Historischen Freiberger Berg- und Hüttenknappschaft gepflegt. Diese Aufnahme entstand um 1910.

Das unterirdische Kavernenkraftwerk im Drei-Brüder-Schacht. In diesem ältesten Kavernenkraftwerk der Welt wurden von 1914 bis 1968 zufließende Wasserströme unterirdisch zur Erzeugung von Elektroenergie genutzt.

Obersteiger Friedrich Wilhelm Carolus (1852-1931) vor dem Kesselhaus des Davidschachtes.
Carolus hat, wie seine Zeitgenossen Dagobert Kaltofen (1841-1922) aus Langenau und Julius
Fröbe (1851-1921) aus Conradsdorf, in seinen „Lebenserinnerungen" an die damalige schwere
Arbeit der Bergleute erinnert.

Carl Ernst Grumbach (1838-1910) übersiedelte 1875 von Zethau nach Freiberg und eröffnete
ab 1888 eine Firma zur Produktion von Dreschmaschinen, Strohpressen, Wendepflügen, Dün-
gerstreuern, Karoffelrodern an der Frauensteiner Straße. Produktion der 2000. Dreschmaschine
im Mai 1925.

Gürtlermeister Thomas Weber (1663-1749) übernahm 1687 durch Heirat der Witwe die Werkstatt des Meisters Behr. Kurfürst Georg III. erteilte ihm das Privileg, alle Messingarbeiten für die sächsische Armee zu liefern. Seit 1693 existiert die einstige Manufaktur Thiele & Steinert, ab 1886 als ständig modernisierter Betrieb an der Berthelsdorfer Straße.

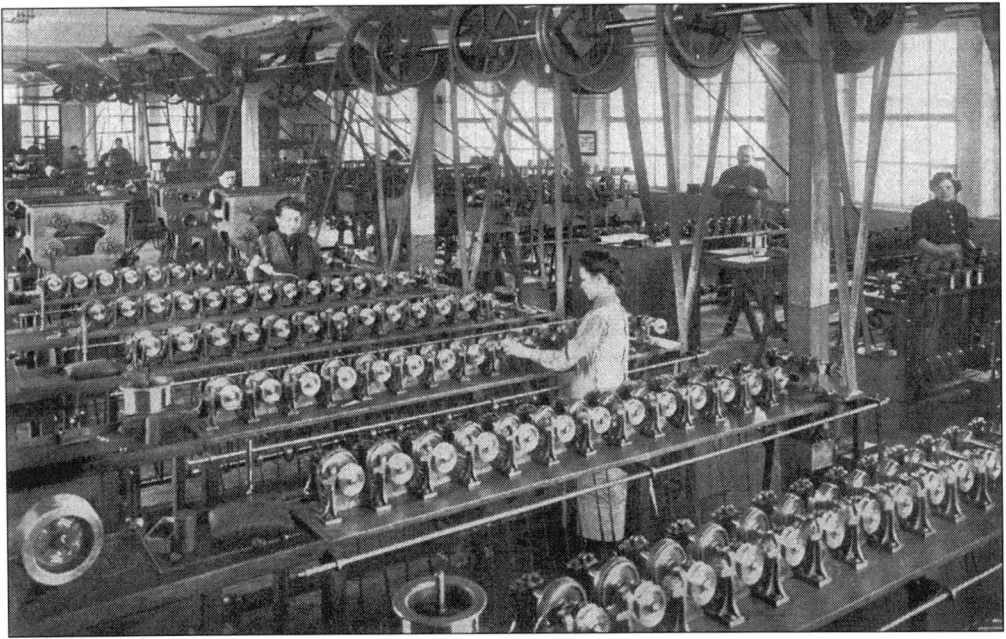

Die Produktion von Thiele & Steinert war mit Leonischen Drähten, Seilen, Litzen und Uniformeffekten sehr vielgestaltig. Die Besitzer sorgten immer für moderne Maschinen.

Seit 1772 produziert der heutige Betrieb Präzisionsmechanik Freiberg feinmechanische Instrumente, die in enger Verbindung zur Bergakademie die Forschung unterstützten. So konnten bereits beim Bau des Rothschönberger Stollns die über- und untertägigen Messungen mit Theodolithen ausgeführt werden.

Dieser „Kleine Hildebrand" half Forschungsreisenden, exakte geografische Ortsbestimmungen durchzuführen. Nach dem Ballonabsturz des Polarforschers Andree wurde ein Reise-Theodolith nach 33 Jahren im ewigen Eis der Arktis funktionsfähig aufgefunden.

Die alte Zinnhütte, gelegen an der Bahnstrecke nach Berthelsdorf, wurde in einer ehemaligen Glashütte eingerichtet. In ihr wurden von 1937 bis 1976 Zinnerze aus dem östlichen und oberen Erzgebirge verarbeitet.

Im Saigerkessel erfolgte die Entkupferung und das Vergießen zu Barren. Eingesetzt wurden diese als Legierungsmetall bzw. in der Elektrolyse als Anode.

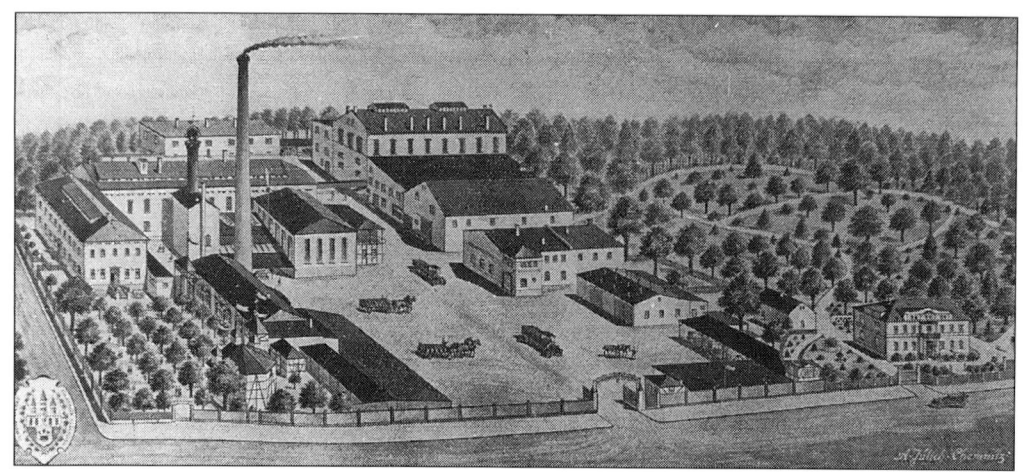

Nach der Neuordnung des städtischen Reiheschanks eröffnete die Braugenossenschaft Freiberg, in der sich alle brauberechtigten Bürger zusammengeschlossen hatten, 1850 das Commun-, Brau- und Malzhaus mit dem dazugehörenden Restaurant „Brauhof".

Ansicht der Gaststätte „Brauhof" in den letzten Jahrzehnten des 19. Jahrhunderts.

Fünf Biergespanne auf dem Brauereigelände sind bereit zur Auslieferung des Gerstensaftes an die Gaststätten. Ab 1863 braute die Brauerei erstmals das so genannte „Freiberger Böhmisch Bier", ein Bier nach Pilsener Art, das von Jahrzehnt zu Jahrzehnt am Bierausstoß gewann und heute als „Freiberger Premium Pils" das meist getrunkene Bier der Region ist.

Werbung der 1865 in Anthonsthal gegründeten und 1890 nach Freiberg verlegten Firma Wilhelm Göhlers Witwe. Zur Produktion gehörten Holz-Numerierapparate und Messgeräte, Hebewerkzeuge, Durchforstungsgeräte, Rodegeräte. Der Export ging nach Amerika, Asien, Afrika und Australien.

Die Porzellanfabrik Freiberg an der Frauensteiner Straße war ehemals führender Hersteller von Elektroporzellan. Gründung 1903, Inbetriebnahme 1906, Stilllegung 1932 infolge der Weltwirtschaftskrise. Im Vordergrund das Verwaltungsgebäude (heute Landratsamt), anschließend zum Lichthof der Bau mit dem ersten Ein-Millionen-Volt-Versuchsfeld Europas. Einweihung des Versuchsfeldes am 19. März 1923.

Herausragende Ingenieurleistung von Dr. W. Hofmann (1878-1939) und seinen Mitarbeitern war die Konstruktion der Hochspannungshalle des Versuchsfeldes, freitragend bei einer Grundfläche von 22 Quadratmetern, lichte Höhe 14,5 Meter. Allein das Versuchsfeld bot die technischen Voraussetzungen für die Entwicklung und Prüfung von Isolatorenketten für die erste europäische 220.000-Volt-Freileitung.

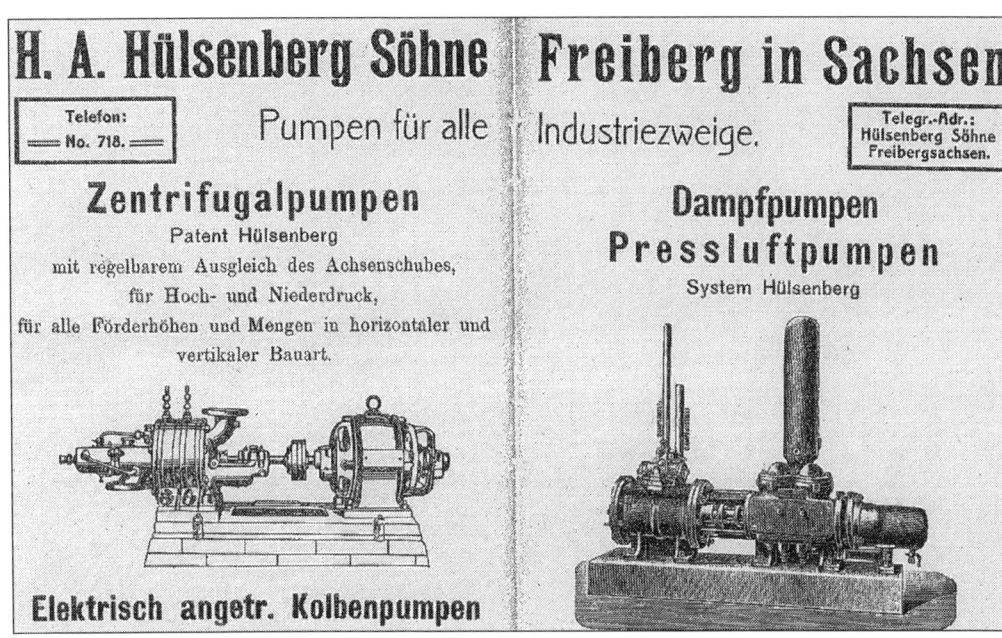

Als „Pumpen-Hülsenberg" wurde der 1846 in Hamburg geborene Heinrich Adolf Hülsenberg bekannt. Er gründete 1878 mit einem früheren Studienfreund die Maschinenfabrik Leinhas & Hülsenberg, eröffnete 1883 im Neubau Stollhausgasse 19 eine eigene Dampfpumpenfabrik. Er versorgte den erzgebirgischen Raum mit Pumpen aller Art. Auf internationalen Ausstellungen wurden seine Pumpen mit Preisen ausgezeichnet.

1825 gründete Hutmachermeister Johann Heinrich Zierener (1795-1882) eine Hutfabrik in der Rittergasse (heute Herderstraße 7). Sohn Franz Theodor Cyrener führte die Firma von 1867 bis 1895. Dann übernahm Arthur Reinhold Mette die Firma, verlagerte die Produktion in die Moritzstraße 18-20. Die Familie eröffnete 1926 im Obermarkt 6 ein Hutgeschäft, das sich noch heute in Familienbesitz befindet.

Die Familientradition von „Conditorei und Café Hartmann" geht auf den Urgroßvater zurück, den Müller von Hartmannsmühl bei Großenhain. Curt Hartmann baute 1930 das Café zum Wiener Caféhaus um, dem einzigen heute noch in dieser Art erhaltenen Café in Deutschland. Seit 1973 führen Bernd und Monika Hartmann das elterliche Geschäft.

1892 begann Tischlermeister Bernhard Göbel (1868-1935) mit nur 1.000 Mark Vermögen und einem Gehilfen in einer kleinen Werkstatt in der Waisenhausstraße 8 die Anfertigung von Möbeln. Er erhielt Medaillen und Preise auf nationalen und internationalen Ausstellungen. Das Foto zeigt die Belegschaft 1925 mit Sohn Walter Göbel (1898-1973).

Gärtnerei Bimberg an der Obergasse. Gärtnermeister Friedrich Wilhelm Bimberg mit Ehefrau und Freunden.

Carl Hubricht begann 1873 mit dem Handel von Bettfedern, bevor er die Häuser Erbische Straße 2 und 4 und Fischerstraße 2 kaufte und zu modernen Geschäftshäusern umbaute. Seine Söhne Emil und Curt führten das Geschäft weiter. Hergestellt wurde Tischwäsche, Damenwäsche, Kinderwäsche, Stepp- und Daunendecken, Gardinen, Kleiderstoffe. Die Näherinnen des Geschäftes Hubricht vor der Kamera.

Zu einer bedeutenden Fabrik entwickelte sich die Wollwarenfabrik und Seidenweberei R. Hoppe auf der Weisbachstraße mit großen Exportmöglichkeiten.

Ernst Ewald Paschke (1839-1929) trat 1869 in die von C.A.Wenzel 1855 gegründete Maschinenfabrik ein. Er entwickelte die Firma zu einer Großgießerei mit Kesselschmiede ersten Ranges. Die 1930 gebildete Aktien-Gesellschaft bestand bis 1945.

Lederfabrik Schlegel am Schlossplatz. A.H. Schlegel (1803-1866) erhielt 1834 vom Stadtrat die „Konzession zur Errichtung einer Portefeuillefabrik für bessere und vorzügliche Lederwaren". Das lederne Portemonaie ersetzte die gestrickte Geldbörse.

Werbung des Geschäftes Louis Mehner, Inhaber Arno Mehner, Manufakturwaren, Rittergasse 6 und 8.

Täglich marschierten Arbeiter aus Freiberg in die Goldschlägerei Hammermühle, Riechberg, Striegistal. In langwieriger Arbeit wurde Blattgold ausgeschlagen. Das Blattgold gelangte in kleinen Holzkisten mit der Post nach Dresden. Zurück brachte der Briefträger den Wochenlohn. Der Betrieb wurde 1912 stillgelegt.

Nachdem die Brüder Simon (1874-1929) und Salman Schocken (1877-1959) bereits 1901 die Kaufhauskette Schocken in Zwickau gegründet hatten, eröffneten sie als zehntes Warenhaus im April 1914 das Kaufhaus Schocken in der Petersstraße in Freiberg. Die Leitung hatte Kaufmann Karl Lewin. Hier ist das Personal des Kaufhauses auf der Freitreppe am Schwedendenkmal zu sehen.

Architekt und Baumeister C. Göpfert
warb für neue Aufträge.

Kuriose Werbung im Freiberger Anzeiger, 1883.

Ein Original der Bergstadt war der ehemalige Dachdecker und Scharwerksmaurer Alfred Mende, auch Kalmus genannt. Er besaß ein gewisses Talent, wie seine geformten Eisfiguren vor der Bude am Schießplan 11 (heute Heinrich-Heine-Straße) oder im Park zeigen. Studenten spendierten ihm gern ein Freibier.

6

Bergakademie und Lehranstalten

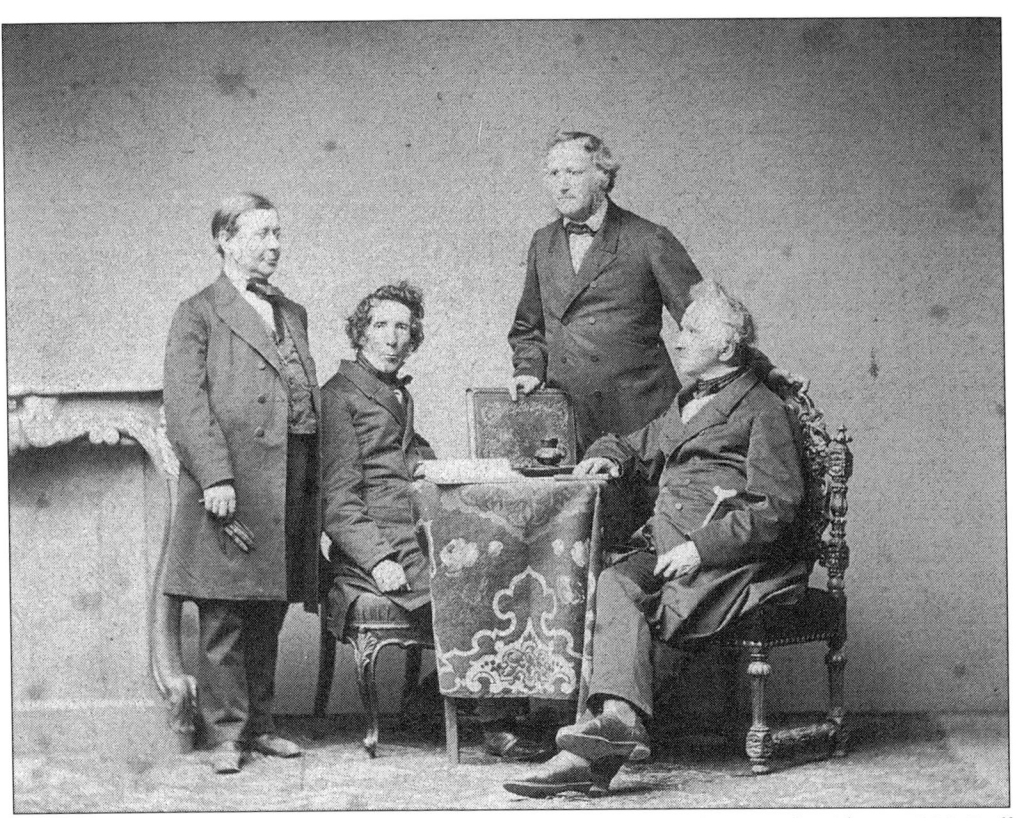

Ein historisches Foto zur Geschichte der Bergakademie: Die Professoren der Chemie J.H. Buff (Uni Gießen), H. Kopp (Uni Heidelberg), J. Freiherr von Liebig (Uni Gießen) und F. Wöhler (Uni Göttingen) sandten dieses Foto, „wie sie Anno 1865 aussahen, Ihrem Freunde Th. Scheerer", Professor für Chemie an der Bergakademie Freiberg. Jeder dieser Herren wäre eines Nobelpreises würdig gewesen.

An der Bergakademie Freiberg wurden wertvolle Beiträge zur internationalen Wissenschafts-geschichte geleistet. Die Professoren F. Reich (1799-1882) und H.T. Richter (1824-1898) füllten Leerstellen des Periodischen Systems der chemischen Elemente aus. Sie eliminierten und bestimmten 1863 mithilfe der Spektralanalyse das Element Indium und benannten es nach der Spektralfarbe Indigo.

Professor Winkler (rechts) von der Bergakademie entdeckte 1885 mit dem Element Germanium im Mineral Argyrodit ein zweites Element. Dimitri Mendelejew (1834-1907), der theoretische Begründer des Periodischen Systems der chemischen Elemente, besuchte am 2. Mai 1894 Clemens Winkler, der mit seiner Entdeckung das von Mendelejew vorhergesagte Ekasilizium in seinen Eigenschaften bestätigte.

Weihe des Winkler-Denkmals am 8. Oktober 1910 auf dem Schlossplatz. Die Professoren Schiffner und Brunck sowie Oberbürgermeister Haupt hielten die Weihereden. Studenten standen Spalier.

1916 erfolgte die Einweihung des Mineralogisch-Geologischen Instituts der Bergakademie. Anlässlich des 150-jährigen Jubiläums der Königlichen. Bergakademie Freiberg wurde im Sommer 1916 in Anwesenheit König Friedrich August III. gefeiert. „Se.-Majestät geruhen Allergnädigst zu genehmigen, dass der Rektor, Prof. Kohlbeck, den Titel „Magnifizenz" führen darf.

Innenreinrichtung der Bergakademie: die einstige Bibliothek in der Nonnengasse, …

…das chemische Labor, …

...der Markscheidesaal, ...

...und die Lagerstättensammlung des Geologischen Institutes.

Erwin Papperitz (1857-1938), Professor für Mathematik, zur privaten Kaffeerunde im Garten mit den Familienmitgliedern Roch und Schilling.

Richard Beck (1858-1919), Professor für Geologie, Lagerstättenkunde und Versteinerungslehre; Rektor von 1911 bis 1913.

Gustav Aeckerlein (1878-1965), Professor für Physik und Direktor des Radiuminstitutes.

Otto Stutzer (1881-1936), Professor für Geologie, auf Amerikareise, neben einer uralten Baumscheibe.

Alfons Jurasky (1903-1945), Professor für Kohlepetrographie, am Mikroskop.

Familientradition: Großvater Adolf Schüttauf (1845-1922) arbeitete als Laborgehilfe bei Clemens Winkler im Chemischen Institut Brennhausgasse.

Enkel Richard Schüttauf (1901-1999) studierte an der Bergschule Prüferstraße.

Studenten zeichneten ihre Professoren zum Bergbier 1932. Franz Kögler (1882-1939), Professor für Technische Mechanik und Baukunde.

Otto Fritzsche (1877-1962), Professor für Mechanik und Maschinenlehre.

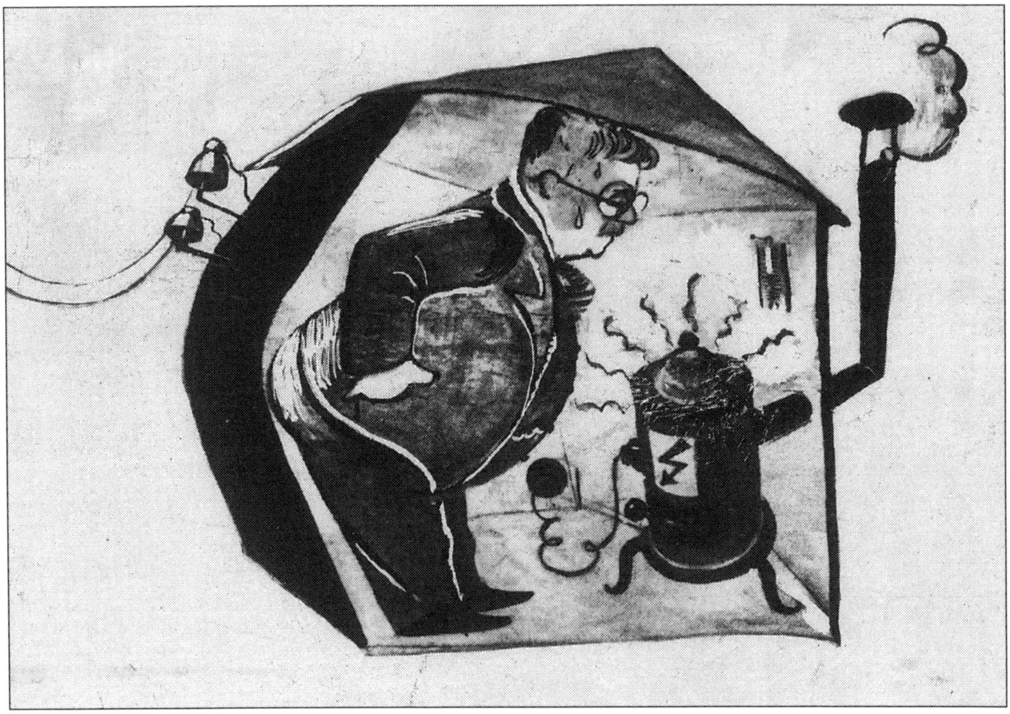

Frederik Johann Knoops (1891-1956), Professor für Elektrometallurgie.

Otto Brunck (1866-1946), Professor für Chemie.

Die um 1914 erfolgte Errichtung eines Lehrstuhls für Braunkohlenbergbau an der Bergakademie und der Aufbau des Deutschen Braunkohlenforschungsinstitutes waren eng mit dem Lebensweg Karl Kegels verbunden. Dieses Brikettierlaboratorium war das erste seiner Art an den Technischen Universitäten der Welt.

Als besonderes akademisches Ereignis nach dem Weltkrieg gilt die Internationale Radiumkonferenz vom 27. bis 28. Mai 1921. Eingeladen hatte Prof. Paul Ludwig (1885-1927, o. Reihe, 2.v.l.), Direktor des Institutes für Radiumkunde. Berühmteste Teilnehmer waren die Professoren Hans Geiger (1882-1945, u. R., 1.v.l.), Otto Hahn (1879-1968, u. R., 2.v.l.) und Lise Meitner (1878-1968, u. R., 3.v.l.).

Die Professoren Otto Fritzsche und Erich Wandhoff mit Angestellten der Revierwasserlauf-
anstalt bei Messungen am Wasserteiler der Flöha in Neuwernsdorf bei Sayda im Erzgebirge.

Stiftungsfest der Burschenschaft „Glück auf", die ihr Domizil im Cottahaus, Beethovenstraße,
hatte. Hier traf man sich mit Gästen aus anderen Verbindungen.

121

1877 wurde mit 48 Schülern die landwirtschaftliche Schule Freibergs gegründet. Ab 1932 zog die Schule in das Gebäude der Haushaltschule Lössnitzer Straße 104.

Von Direktor Professor Dr. Karl Kohlschmidt (1860-1946) sagt man, er habe jeden Bauernhof seiner Schüler gekannt und über die Erträge der Felder und den Viehbestand Bescheid gewusst. So konnte er hofbezogene Ratschläge erteilen.

Freiberg i. Sa.

Die Gründung der ersten Deutschen Gerberschule 1889 und der ersten Deutschen Versuchsanstalt für Lederindustrie 1897 entsprach den wissenschaftlichen Erfordernissen der aufstrebenden
Lederindustrie, die seit Jahrhunderten in Freiberg mit Erfahrung und Tradition beheimatet war.

Schwere Arbeit in der Wasserwerkstatt beim Enthaaren und Entfleischen der Häute.

Begrüßung König Friedrich August III. am 15. Juni 1915 zur 400-jährigen Gedächtnisfeier des Gymnasiums Albertinum. Er erschien zur Feier des Tages in der Uniform der Albert-Husaren. Rektor Otto Eduard Schmidt begleitete ihn zu Exerzierübungen auf der Schülerwiese.

Im Treppenhaus des Gymnasiums fand die Ehrung der im Ersten Weltkrieg gefallenen Lehrer und Schüler statt.

Im Gymnasium Albertinum wurde auch auf die Vermittlung naturwissenschaftlicher Fächer
großer Wert gelegt. Ein Blick in das im Erdgeschoss befindliche Lehrzimmer für Chemie, das
hörsaalartig angelegt war.

Das Kollegium des Gymnasiums, um 1928. Von links nach rechts: Mettig, Ernert, Fischer,
Buchheim, Zöphel, Döring, Liebold, Zinke, Reuther, Kühn, Löhner, Landgraf, Krüger, Kähling,
Uhlig, Langer, Gäbert; linker Tisch: Kröhne, Grunert, Dr. Karisch, Jobst, Weber; rechter Tisch:
Schaller, Petasch, Liebe.

Abiturientenfoto von 1935: hintere Reihe, v. l.: F. Clemens (gef.), W. Bohlung (gef.), G. Meisel, Klaus Richter (gef.), Fritz Richter; vordere Reihe: Ihle, Brand, Rektor Reuther, Else Geißler, E. Grimm, Werner Samtleben. Auf dem Foto fehlen W. Dost und Christian Fiedler, der Primus.

Am 8. Mai 1876 erfolgte unter Rektor Pachaly (1838-1912) die Einweihung des Realgymnasiums an der Turnerstraße. Auf dem Foto das Kollegium unter Rektor Professor Dr. Curt Reinhardt (1855-1940, vordere R., 4.v.l.). Weiterhin: Walter Franz (v. R., 1.v.l.), Dr. Erich Jacob (v. R., 1.v.r.), Dr. Fiedler (obere Reihe, 1.v.l.).

5. Oktober 1903: Einweihung der III. Bürgerschule, ab 1928 Dürer-Schule. Direktor Schumann zur Eröffnung: „Wenn das Bürgertum die Grundlage des Fortschritts sein soll, so muss es dazu erzogen werden und bei den Kindern müssen wir damit anfangen. Je mehr Freiberg den Charakter einer Bergstadt verliert, desto mehr muss es den Charakter einer Schulstadt annehmen. Das Gelöbnis lautet: Im neuen Heim die alte Treue!"

Max Dehnert (1893-1972), Musiklehrer an der Mädchenschule „Theodor Körner", mit seiner letzten zweiten Klasse in Freiberg. Dehnert schrieb u.a. den Heimatroman „Anton Möllenthin", den „Roman eines Arbeiters". Für seine Anton Bruckner-Interpretation erhielt er als Professor der Musikhochschule Leipzig den Nationalpreis der DDR.

Die Heimat entdecken!

Von Kiel bis Wien,
von Aachen bis Görlitz:
Entdecken Sie Alltagsgeschichten
aus Ihrer Heimatstadt!

Leben in der Großstadt ...

Tauchen Sie ein in das quirlige Großstadtleben vergangener Tage. Spazieren Sie über breite Boulevards und stürzen Sie sich ins Nachtleben. Erkunden Sie ihre Stadt durch die Fensterscheiben einer Straßenbahn oder des ersten Käfers und bewundern Sie prächtig geschmückte Schaufenster.

… und ländliche Idylle

Wie sah das Leben in Ihrer Heimat aus, als die Bauern noch mit Pferden pflügten und jedes Dorf seinen eigenen Schmied hatte, jeder noch jeden kannte und das Leben sich zwischen Kirche, Wirtshaus und Wohnküche abspielte?

www.suttonverlag.de

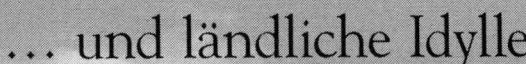

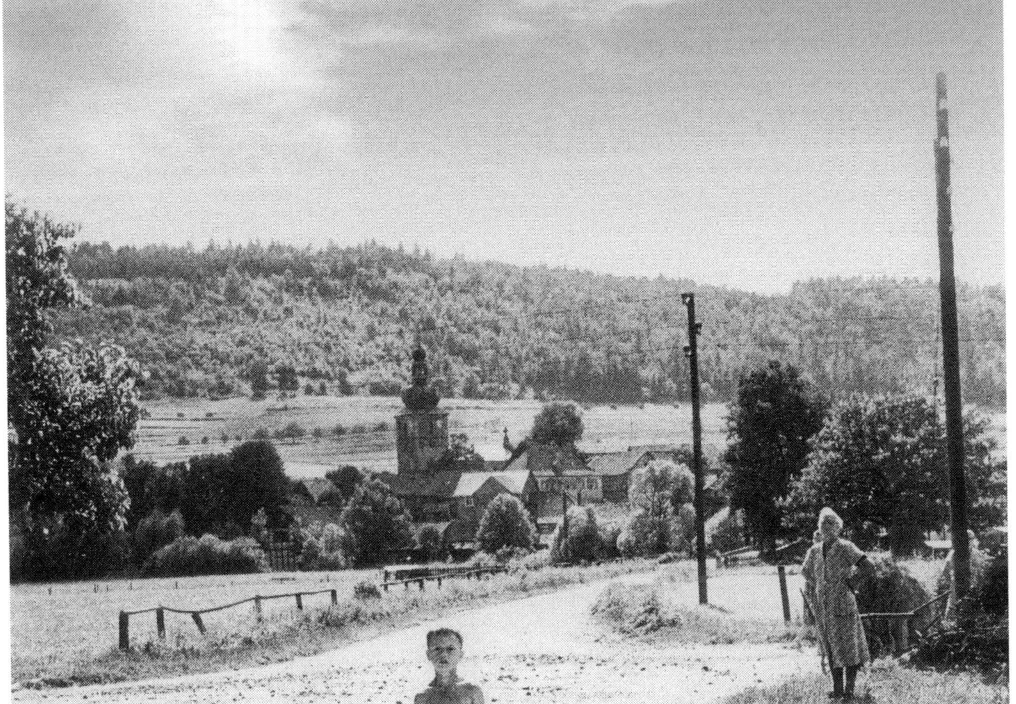

Erinnerungen an die Schulzeit ...

Erinnern Sie sich noch an die Zeiten von Abakus und Schiefertafel, an Klassenausflüge oder den ersten Taschenrechner? Blicken Sie zurück auf große Klassen und gestrenge Schulmeister, entdecken Sie auf Klassenfotos Freunde und Bekannte von früher!

... und das Arbeitsleben

Entdecken Sie, wie sich das Arbeitsleben in den letzten hundert Jahren verändert hat. Werfen Sie einen Blick in Fabrikhallen, blicken Sie Handwerksmeistern bei ihrer Arbeit über die Schulter und erinnern Sie sich an den Einkauf im Tante-Emma-Laden.

www.suttonverlag.de

Gesellige Stunden im Verein ...

Fußballclub und Schützenverein, Musikkapelle und Gesellenverein: Schauen Sie zurück auf Volksfeste und Turniere, Chorproben oder Prunksitzungen. Erinnern Sie sich an schöne Stunden und das gesellschaftliche Leben in Ihrer Heimat.

... und im Familienkreis

Werfen Sie einen Blick in die Wohnzimmer vergangener Tage und entdecken Sie, wie sich zwischen schweren Eichenmöbeln, Nierentischen und Ikea-Regalen der Alltag verändert hat. Erleben Sie Familienfeiern und Weihnachtsfeste im Wandel der Jahrzehnte mit.

FSC
www.fsc.org
MIX
Papier | Fördert
gute Waldnutzung
FSC® C083411

Zeitfracht Medien GmbH
Ferdinand-Jühlke-Straße 7
99095 Erfurt, Deutschland
produktsicherheit@kolibri360.de

Druck:
CPI Druckdienstleistungen GmbH
im Auftrag der
Zeitfracht Medien GmbH
Ein Unternehmen der Zeitfracht - Gruppe
Ferdinand-Jühlke-Str. 7
99095 Erfurt